MARÉCHAL FOCH

ÉLOGE DE NAPOLÉON

ÉLOGE DE NAPOLÉON

Il a été tiré de cet ouvrage :

10 exemplaires sur papier des Manufactures impériales du Japon, numérotés de 1 à 10 ;

290 exemplaires sur papier impérial des Manufactures d'Arches, numérotés de 11 à 300 ;

Et, en outre :

10 exemplaires sur papier des Manufactures impériales du Japon, non mis dans le commerce, et numérotés de I à X ;

30 exemplaires sur grand vergé des Manufactures d'Arches, non mis dans le commerce, et numérotés de XI à XL.

EXEMPLAIRE N°

ÉLOGE

DE

NAPOLÉON

PRONONCÉ LE 5 MAI 1921

DEVANT LE TOMBEAU DE L'EMPEREUR

PAR

MONSIEUR LE MARÉCHAL FOCH

BERGER-LEVRAULT

PARIS

NAPOLÉON ! Si le prestige de ce nom a conquis l'admiration du monde, il est non moins certain que son éclat grandit, à mesure que le recul du temps permet de mesurer l'ampleur de la tâche accomplie.

Hier, on vous montrait comment Bonaparte déjà avait rétabli la paix, l'ordre, l'autorité dans une France divisée, dans une société retournée par la révolution, aux pouvoirs déplacés, maîtresse de droits nouveaux, à la recherche en tout cas d'un équilibre et d'une stabilité capables de la soustraire à un régime de secousses répétées.

En ce qui nous concerne, la Révolution française a profondément changé l'essence et les proportions de la guerre : dans ses buts, dans ses moyens, comme aussi dans ses procédés et dans les sentiments mis en jeu. Dorénavant nos armées se battent pour notre indépendance, puis pour la liberté des peuples. A la lutte on consacre, sans compter, toutes les ressources de la Nation en hommes et matériel, et elles sont considérables. Nos soldats improvisés luttent pour leurs opinions ou leurs intérêts ; leur action individuelle, largement utilisée, se substitue à l'action plus alignée et par là plus rigide du rang. Elle aboutit à ces formations en tirailleurs d'une nature plus agressive et d'un rendement plus puissant. Loin de faire la guerre de position ou de siège pour conquérir des places et acquérir une province, c'est la destruction de l'armée ennemie que poursuit déjà la Convention, par les directives de Carnot, afin de réduire le Gouvernement ennemi, désarmé de la sorte, à la paix qu'elle veut lui imposer.

Quand Napoléon entre en scène dans ce monde nouveau, il a déjà étudié et compris tous les enseignements du passé sur l'art de la guerre, mais il a saisi surtout la portée des changements réalisés par la guerre nationale. Bientôt Sieyès dira de lui : « Il sait tout faire, il peut tout faire, il veut tout faire. »

C'est avec une parfaite maîtrise des différents éléments du problème entier, qu'il va tracer de ses forces un emploi rationnel, puis, dans une surprenante activité, en faire sortir résolument une résultante supérieure et l'appliquer sur l'objectif qu'il aura choisi suivant le cas, dans une rare largeur de vues.

Au total, s'il consolide la Révolution à l'intérieur en l'organisant et l'assagissant, il l'exploitera à l'extérieur, en en lançant, à une allure vertigineuse, toutes les forces concentrées dans sa main, suivant une mécanique toujours éclairée et raisonnée. Par là, il brisera tous les obstacles à une politique de plus en plus guidée par le succès militaire, de plus en plus dangereuse bientôt par les réactions qu'elle appelle.

En principe, son objectif est la principale armée ennemie. Mais, dès 1796, contrairement à l'avis de Carnot, observateur plus strict de la doctrine, il ne craint pas, après ses premiers succès, de s'acharner sur l'armée piémontaise jusqu'à la mettre hors de cause, avant de s'en prendre à l'armée principale, celle de l'Autriche.

Et de même, en 1805, attaqué par une coalition de l'Angleterre, de la Suède, de la Russie et de l'Autriche, qui a placé son armée principale en Italie, sous son meilleur général, l'archiduc Charles, parce que l'Autriche veut reconquérir l'Italie, il va se garder d'y placer le gros de ses forces. Il s'y défend avec une armée réduite et s'engage avec la plus grosse, dans la vallée du Danube, pour y disloquer la coalition, abattre la puissance autrichienne à Vienne et détruire les deux forces à Austerlitz.

Que d'exemples ne trouverait-on pas de ce jugement à choisir l'objectif décisif, sur ce vaste horizon toujours chargé d'intérêts militaires et d'intérêts politiques! En tout cas, la direction à suivre une fois déterminée, il s'agit de battre les forces ennemies qui la tiennent et, pour y arriver, c'est lui-même qui nous dit : « Il y a beaucoup de bons généraux en Europe, mais ils voient trop de choses; moi je n'en vois qu'une, ce sont les masses. Je cherche à les détruire, bien sûr que les accessoires tomberont ensuite d'eux-mêmes. » Et pour les frapper d'un coup certain, il va poursuivre méthodiquement l'art de faire le nombre, un jour donné, sur cette masse ennemie.

Y a-t-il rien de plus descriptif de la nouveauté de cette doctrine que la conversation de Bonaparte avec Moreau chez le directeur Gohier, en 1799? « Les deux généraux, qui ne s'étaient jamais vus, raconte Gohier, parurent aussi flattés l'un que l'autre de se rencontrer. Il fut remarqué que, dans cette entrevue, tous les deux un moment se contemplèrent en silence. Bonaparte le rompit le premier, témoignant à Moreau le désir qu'il avait depuis longtemps de le connaître : « Vous arrivez « d'Égypte victorieux, lui répondit Moreau, et « moi d'Italie après une grande défaite... »

« Après quelques explications sur les causes de cette défaite, il conclut : « Il était impossible « que notre brave armée ne fût pas accablée « par tant de forces réunies. C'est toujours le « grand nombre qui bat le petit.

« — Vous avez raison, dit Bonaparte, c'est « toujours le grand nombre qui bat le petit.

« — Cependant, général, avec de petites « armées vous en avez souvent battu de « grandes, dis-je à Bonaparte.

« — Dans ce cas-là même, dit-il, c'est toujours « le petit nombre qui était battu par le plus « grand. » Ce qui l'amena à nous développer sa tactique : « Lorsque avec de moindres forces « j'étais en présence d'une grande armée, grou- « pant avec rapidité la mienne, je tombais « comme la foudre sur une de ses ailes et je « la culbutais. Je profitais ensuite du désordre « que cette manœuvre ne manquait jamais de « mettre dans l'armée ennemie, pour l'attaquer « dans une autre partie, toujours avec toutes « mes forces. Je la battais ainsi en détail, et « la victoire qui en était le résultat était tou- « jours, comme vous le voyez, le triomphe du « grand nombre sur le petit. »

Et pour faire le nombre, pour présenter sur le champ de bataille plus de troupes que l'ennemi, en particulier quand il dispose d'une armée moindre sur le théâtre des opérations, il utilisera dans une combinaison constamment raisonnée de la défensive d'un côté, de l'offensive en d'autres points, les propriétés distinctes de la troupe. Il sait en effet qu'une troupe réduite est capable de résister à un adversaire supérieur et de lui tenir tête pendant un temps d'autant plus long qu'elle s'aide d'une position naturellement forte ou artificiellement renforcée, de la puissance de ses feux, ou qu'elle a organisé méthodiquement ses replis. En usant largement de ces conditions de renforcement et en assignant à chaque détachement un rôle propre, il pourra, pendant un temps limité, réduire à l'extrême l'effectif de la troupe consacré au rôle passif, et augmenter d'autant les effectifs consacrés à l'action, tandis qu'une forte réserve groupée à l'arrière restera constamment prête à répondre à l'éventualité d'une attaque ennemie sur un point de sa périphérie, jusqu'au moment voulu où lui-même s'en empare et la lance pour finir, en masse de choc, sur le point où il veut frapper, reprenant ainsi le moyen de s'y présenter en nombre supérieur. En tout temps, et pour atteindre ce résultat, ses systèmes de forces, largement étalés pour tenir des espaces, sont savamment articulés et reliés par des liaisons avec le chef, afin de pouvoir rapidement se ployer et former le marteau à sa main.

Cette économie et cet emploi des forces, caractéristiques de son art, Napoléon les pratiquera aussi bien dans une situation d'attente que dans la recherche de la bataille.

Tel nous le verrons, dès 1796, quand, basé sur les lignes de l'Adige et du Mincio, il va tenir tête aux armées autrichiennes, en battre successivement trois et, avec des forces qui ne dépassèrent jamais 50.000 hommes, en mettre plus de 200.000 hors de cause. Tel nous le voyons en 1800, à la Stradella, quand il tend son filet pour saisir l'Autrichien Mélas, qu'il a tourné par le Saint-Bernard mais qu'il aspire à détruire, d'où Marengo, qui eût pu rester une surprise le 14 juin, mais devait en tout cas aboutir à une victoire le lendemain.

Et de même, en 1805, quand arrivé sur le Danube il entreprend d'envelopper et de battre l'Autrichien Mack dont il a pris les communications. Et de même encore quand, courant à Austerlitz, il va remporter l'immortelle victoire, tout en tenant en respect les forces autrichiennes de la Hongrie et se tenant en garde contre une déclaration de guerre de la Prusse.

Et de même quand il va à Wagram et qu'il lui faut en même temps surveiller les troupes autrichiennes de la rive droite du Danube et garder ses communications toujours menacées.

Mais après avoir monté de la sorte sa bataille à effectifs supérieurs, soit qu'il attaque, soit qu'il soit attaqué, il va élever l'art encore plus haut, aborder et frapper l'ennemi dans une direction, celle de ses communications, qui transforme pour celui-ci la défaite en désastre, c'est Marengo, c'est Ulm, c'est Iéna.

Après avoir ainsi fait de la guerre dans sa conception un art simple, dit-il, — pour qui connaît bien la mécanique de toutes ses forces, ajouterons-nous, — il complète sa formule en disant que cet art est tout d'exécution. Il se rend bien compte en effet que dans un pareil domaine de réalisation, la pensée ne vaut que dans la mesure où elle est traduite en résultats matériels.

A cette exécution, il veillera constamment lui-même, et de très près : moral du soldat, préparation et entretien des effectifs, approvisionnements, munitions, sûreté des communications, formation de bases nouvelles, recherche et examen des renseignements, direction et durée des mouvements, rien ne lui échappera, il a l'œil à tout mais il le soustraira à tous. Aussi quelle activité ordonnée n'imprime-t-il pas partout! Pour ne citer qu'un exemple, quoi de plus magnifique que cette Grande Armée de 1805, étalée sur les côtes, de la Somme à la Hollande, jusque dans les derniers jours du mois d'août et arrivant concentrée au Danube, sur les derrières de l'armée autrichienne, dès le 6 octobre, à l'entière surprise de l'Europe!

Sa résolution égale sa surprenante activité : il n'apprend que le 12 avril 1809 dans la soirée, à Paris, l'entrée en guerre de l'Autriche, déjà vieille de deux jours. Il part aussitôt, débarque le 17 à Donauwerth dans un quartier général vide de chefs, recueille immédiatement lui-même des estafettes les renseignements provenant des troupes et témoignant d'une grande confusion dans leurs mouvements, comme aussi des progrès de l'ennemi sur tout le front. Et prenant aussitôt en main la direction de cette situation troublée, dans un pays particulièrement ouvert et obscur par sa nature boisée entre le Danube et l'Isar, il va en moins de six jours réunir ses forces éparses, foncer sur le centre de l'armée ennemie, la rejeter en déroute partie au sud par Landshut au delà de l'Isar, partie au nord par Ratisbonne au delà du Danube. En plusieurs batailles dont le couronnement est Eckmühl, il a, le 23 avril, onze jours après son départ de Paris, mis hors de cause la grande armée autrichienne, et ouvert la route de Vienne.

Dans ce train déconcertant, il lance lui-même, au milieu des ténèbres d'une situation toujours confuse, le rayon de lumière qui guide chacun des éléments de son armée, et l'ennemi, incapable de saisir aucun ensemble, ne voit pour finir qu'attaques foudroyantes s'abattre sur lui comme l'éclair, trop tard pour s'en défendre. Napoléon court bien au-devant des événements pour en prendre la direction, au lieu de les attendre pour les subir. Mais il ne court pas en aveugle; il a, au préalable, fait une étude approfondie du terrain et des circonstances dans lesquels il va opérer. Il en tient d'avance les éléments invariables, il va y jouer sinon à coup sûr, toujours en sérieuse connaissance. Son improvisation ne sera jamais risquée.

« Ce n'est pas un génie qui me révèle tout à coup en secret ce que j'ai à dire ou à faire dans une circonstance inattendue pour les autres, c'est la réflexion, la méditation. »

Grâce à cette puissance, il est l'âme qui anime si fort toute l'armée, le phare qui l'éclaire. Mais quelle qu'en soit la portée, elle sera dépassée un jour et nos armes perdront alors de leur pouvoir quand nos armées s'étendront d'une extrémité à l'autre de l'Europe ou lutteront sur les vastes théâtres d'opération, de la Russie et de l'Allemagne.

A ce besoin de préparation et de conception se joint d'ailleurs une imagination que les distances ou les obstacles de la nature n'arrêtent aucunement.

Si l'on observe qu'il se montre tel dès 1796, à l'âge de vingt-sept ans, c'est bien que la nature l'a extraordinairement doué. Ces dons, il les applique sans compter, tout le long de sa prodigieuse carrière.

Par là, il trace son passage d'une voie éblouissante dans les fastes guerriers de l'humanité. Il porte ses aigles victorieuses des Alpes aux Pyramides et des rives du Tage à celles de la Moskowa, dépassant dans leur vol les conquêtes d'Alexandre, d'Annibal et de César. Il reste bien ainsi le grand capitaine, supérieur à tout autre par son prodigieux génie, son besoin d'activité, sa nature ardente jusqu'à l'intempérance, qui est toujours favorable aux profits de la guerre, mais redoutable aux équilibres de la paix.

Par là, il monte l'art de la guerre au-dessus des hauteurs connues, mais cet art va l'emporter lui-même aux régions du vertige. Identifiant la grandeur du pays avec la sienne propre, c'est par les armes qu'il voudra régler le sort des nations, comme si on pouvait faire sortir le bonheur de son peuple d'une suite désormais nécessaire de victoires, aux sacrifices douloureux quand même. Comme si ce peuple pouvait vivre de gloire et non de travail! Comme si les nations battues, atteintes dans leur indépendance, ne devaient pas se lever un jour pour la reconquérir, mettre un terme au régime en vigueur, et présenter des armées bientôt fortes par le nombre, et invincibles par l'ardeur que leur donne le droit outragé! Comme si dans un monde civilisé, la morale ne devait pas avoir raison d'une puissance faite uniquement de la force, si géniale soit-elle! Dans cette tentative, Napoléon lui-même sombre, non pour avoir manqué de génie, mais pour avoir tenté l'impossible, pour avoir entrepris, avec une France épuisée de toutes façons, de plier à ses lois une Europe déjà instruite par ses malheurs, entièrement en armes bientôt.

Décidément, le devoir reste commun à tous : au-dessus des armées à commander victorieusement, c'est le pays à servir pour son bonheur tel qu'il l'entend : c'est la justice à respecter partout; au-dessus de la guerre il y a la paix.

Décidément, l'homme même le plus doué s'égare, qui, dans les règlements de comptes de l'humanité, se fie à ses vues propres et à ses seules lumières, et s'écarte de la loi morale des sociétés, faite du respect de l'individu, de ces principes de liberté, d'égalité et de fraternité bases de notre civilisation telle que l'a faite le christianisme.

Sire, dormez en paix; de la tombe même vous travaillez toujours pour la France. A tout danger de la patrie, nos drapeaux frémissent du passage de l'Aigle. Si nos légions sont rentrées victorieuses par l'Arc triomphal que vous aviez bâti, c'est parce que cette épée d'Austerlitz en avait tracé la direction en montrant comment réunir et mener les forces qui font la victoire. Vos magistrales leçons, votre opiniâtre labeur restent des exemples imprescriptibles. A les étudier, à les méditer, l'art de la guerre se forme chaque jour plus grand. C'est seulement aux rayons pieusement et soigneusement recueillis de votre gloire immortelle que les générations parviendront à saisir, longtemps encore, la science des combats et la manœuvre des armées, pour la cause sacrée de la défense du pays.

IMPRIMÉ
PAR BERGER-LEVRAULT
A NANCY

www.ingramcontent.com/pod-product-compliance
Ingram Content Group UK Ltd.
Pitfield, Milton Keynes, MK11 3LW, UK
UKHW022151260726
13993UKWH00005B/2295

9 782329 178936